Este livro
PERTENCE A:

Por que o T-Rex faz ROAARGH!

Marcelo F. Montenegro

Ilustrações de Alyne Dellacqua

O T-REX era um dinossauro muito grande
tinha uma CABEÇA ENORME
e uns DENTES IMENSOS, mas seus
braços eram beeem CURTINHOS

VOCÊ sabe como é o nome dele de verdade?
TIRANOSSAURO REX!

Ele era um dinossauro muito BONZINHO. Adorava passear na floresta tranquilo, respirando a brisa suave.
Ele não sabia COMO FAZER ROARRRGH!

O T-Rex era **ADORADO** por todos os animais da floresta porque era muito **GENTIL** com eles e bem **FOFINHO**

Mas um dia, ele saiu para passear na floresta
e viu uns **MACAQUiNHOS** brincando com
a casa da dona abelha, que estava cheia de
MEL AMARELO!

Lá do alto das árvores, os
MACAQUINHOS SAPECAS
derrubaram a casa da dona abelha
em cima do T-Rex, que passava por
ali, fazendo **DERRAMAR** todo o mel
BEM nas costas dele.

QUE MELECA!

Mas ele é tão grandão que nem percebeu as costas meladas de mel.

Assim, aquele **MEL DELICIOSO**
ficou ali nas costas do T-Rex,

e ele seguiu em seu passeio,
CHEIRANDO as flores e
SENTINDO o frescor do ar da
floresta.

De repente, uma
BORBOLETA
LINDA
apareceu,

e o T-Rex começou
a SEGUI-LA,
pois ele adorava
borboletas.

Ele **CORREU, CORREU, CORREU,**
até que **SE CANSOU.**

"Ufa! Como a borboleta **VOA
RÁPIDO!**", pensou.

Então, ele parou para
DESCANSAR e
BEBER um pouco de água
na beira do **LAGO**

Lá, o T-Rex se sentiu
MUITO BEM!
O lago era tão bonito e
calmo que...

ele ficou com soninho e então... PLUFT!

Ele se deitou e DORMIu.

e
DORMiu...
DORMiu...
DORMiu...

A Dona Formiga, que estava
passeando por ali, sentiu um cheiro
DELICIOSO.

— Huuummm... **CHEIRO** de **MEL!**

Que cheiro bom!

"HUUUMMM, HUUUMMM...NHAM, NHAM!",

pensou a Dona Formiga.

A Dona Formiga **SUBiU**
pelas costas do T-Rex até
o mel...

Nham-nham. Ela pensou
que estivesse em uma
MONTANHA

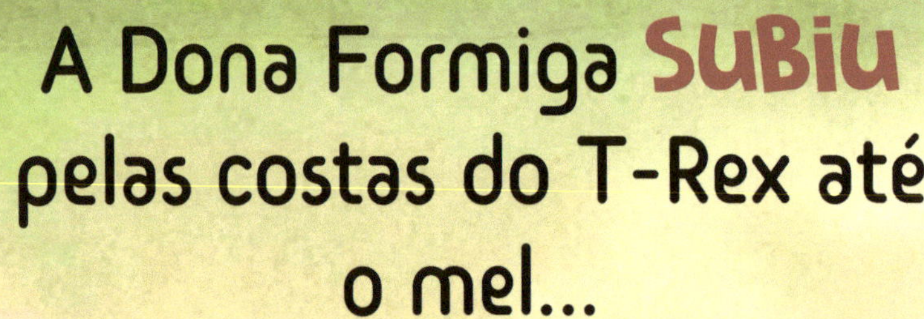

Logo,
ela CHAMOU todas
as suas amigas
formigas:

VENHAM!
Tem um mel
delicioso aqui!
E dá para todo
mundo!

Mas o T-Rex
começou a **DESPERTAR**
do sono...

— **AAAAAHHH...**
— ele abriu o bocão
e se levantou.

Nesse instante, as formigas pensaram que havia um
TERREMOTO

e começaram a FERROAR as costas do T-Rex!

O T-Rex passou a
**CORRER PRA
LÁ E PRA CÁ,**

sentindo **CÓCEGAS** nas
costas por causa das
ferroadas das formigas!

Mas o braço dele é
MUITO CURTINHO,
por isso ele não conseguia coçar as
costas.

Sem saber o que fazer,
ele **COMEÇOU** a rosnar:

ROOARGH!

ROOOARRGH !!
ROAARGH!!
ROOOARHGH!!
ROAARRH!!
ROOO
ROOO

TODOS os animais da floresta
fugiram pra longe do T-Rex
depois que ouviram esse rosnado.
QUE MEDO!

Então, o T-Rex correu para o lago e lá ele se jogou para tomar um banho **REFRESCANTE...**

UFA!!!

As formigas nadaram de volta para a beira do lago, e o T-Rex **PAROU DE SENTIR** coceira nas costas.

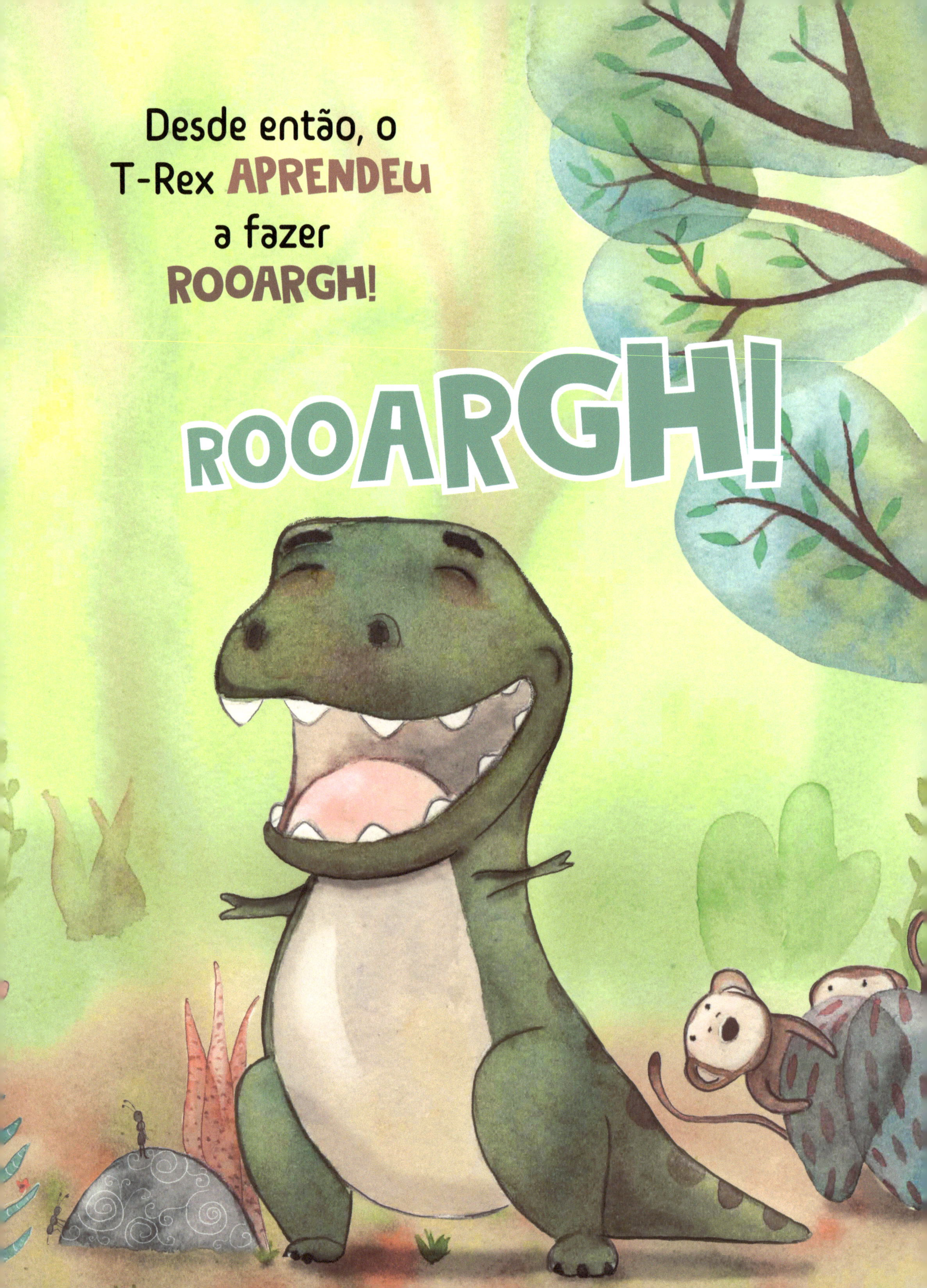

Desde então, o T-Rex APRENDEU a fazer ROOARGH!
ROOARGH!

MARCELO F. MONTENEGRO

é natural do Amazonas e é um cientista de verdade. Já publicou mais de quarenta artigos em revistas científicas internacionais, mas nunca havia escrito histórias para crianças até se tornar o pai do Felipe e da Catarina. Por que o T-Rex faz roarrrgh! nasceu de umas das diversas histórias criadas na hora de dormir com os filhos.

ALYNE DALLACQUA

nasceu em 1987 em Imperatriz, no estado do Maranhão. Ela era advogada no Tocantins e já trabalhou como assessora jurídica de primeira instância. No entanto, hoje, ela mora no condado de Estocolmo, na Suécia, onde atua como ilustradora desde 2017. Seu sonho sempre foi trabalhar com arte, e tem como material do coração a aquarela. O primeiro livro que ilustrou foi A cor do dinheiro da vovó, escrito pelo premiado autor Cristino Wapichana e publicado pela editora Edebê em 2019. A cor do dinheiro da vovó foi um dos livros escolhidos em 2021 pela CBL para compor o Clube de Leitura da ONU.

Abraços aquarelados a todos!

www.ingramcontent.com/pod-product-compliance
Lightning Source LLC
LaVergne TN
LVHW071707180726
843512LV00002B/578